지친 그대에게

이 시집은 투병 중인 형에게 드린다

고기택 제4시집

지친 그대에게

초판 1쇄 발행 2024년 1월 11일

지은이 고기택
펴낸이 장길수
펴낸곳 지식과감성#
출판등록 제2012-000081호

교정 김서아
디자인 정윤솔
편집 정윤솔
검수 이주희, 이현
마케팅 김윤길, 정은혜

주소 서울시 금천구 벚꽃로298 대륭포스트타워6차 1212호
전화 070-4651-3730~4
팩스 070-4325-7006
이메일 ksbookup@naver.com
홈페이지 www.knsbookup.com

ISBN 979-11-392-1585-4(03810)
값 12,000원

• 이 책의 판권은 지은이에게 있습니다.
• 이 책 내용의 전부 또는 일부를 재사용하려면 반드시 지은이의 서면 동의를 받아야 합니다.
• 잘못된 책은 구입하신 곳에서 바꾸어 드립니다.

지식과감성#
홈페이지 바로가기

고기택 제4시집

지친 그대에게

글 고기택

내가
널 뿌리친다는 것이
너를 위한 마음이란 것을
스스로 알 때까지
나는 기다림을 할 거야

서문

　살아가면서 중요한 것이 무엇일까? 내 생각으로는 사람들과 만나 세상 돌아가는 이야기도 나누고, 여행도 하며, 술 한 잔에 아픔과 기쁨을 같이하면서, 더불어 살아가는 것이 아닌가 싶다. 혼자서는 살 수 없는 것이 인간 세상이란 것에 토를 달 사람은 없을 것이다. 뇌리를 스치는 것 중에 좋은 일이 있으면 기쁨의 글을 쓰고, 아픈 있으면 쓰린 글을 쓰게 된다. 사람을 그리워하고, 사람들 사이에서 살아가고 싶은 마음들을 담아 이번 시집에 담았다. 사랑과 우정, 인생이란 것에 관한 생각들! 그리고 이제는 영영 곁을 떠나 버린 아버님에 대한 그리움도 여기에 썼다. 슬픔에서 찾을 수 있는 희망의 끈을 말하고 싶었고, 아픔은 새로운 성숙을 가져온다는 것을 말하고 싶었다. 봄바람에 스치는 기억들이 찬란하게 다가오는 내일을 마중하기를 바라면서….

2023년 가을에
한기택

목차

서문 ... 5

1부
동행

찬 바람 불면	12
산다는 것 1	13
노을	14
겨울나무	15
동행	17
비움	18
천둥	19
살아가는 모습	20
겨울 아침의 사색	22
지친 그대에게	24
하늘을 보며	26
거친 세상을 살면서	27
뉴스	29
되돌이 사랑	30
행복에 대한 생각	31
야망과 행복	32
사랑에 관한 생각	33
인생이란 정거장	35
나만의 색깔	37
원망	39

2부
시간이 흐른 뒤에

당신의 상처는 잘 있습니까	42
세상살이 거기서 거기	44
종교를 떠나	45
희망	46
삶의 상처	47
아이야	48
시간	50
명상	51
함덕해수욕장	53
아침 햇살	54
외돌괴	55
우리 사이	57
내일은 늦어요	59
거짓말	60
친구에게	62
공수래공수거	64
인생	66
시간이 흐른 뒤에	68
닮고 싶은 사람	69
그런 사람	70
여인에게	71
사랑	72
아버지 1	73
나이 들면	74
그대	75
산다는 것 2	76

3부
술 한잔하자

창	80
만년필 예찬	81
변명	84
사랑한 사람	85
그리움	86
그랬구나	87
아버지 2	88
스치는 봄	89
별	90
애들 싸움	91
봄바람 불면	92
사랑은	93
우리 사랑은	94
오름	95
아버지란 이름	97
내 빈 껍데기	99
하루	100
그 사람	102
고향	103
떠나는 계절	104
고집 센 영감	105
살아가는 동안	107
씨밀레	108
생일	109
빈 가슴	110
숨겨 둔 보석	111
술 한잔하자	112

4부
두려운 사랑

자물통	114
봄이 오는 소리	116
고맙다는 말	117
어디로 가는 것인지	118
월요일 아침	120
봄소식	121
이유	122
편지 주세요	123
소식 전하는 날	125
책꽂이	127
오솔길	128
벼락 치는 날	129
황혼	131
반성	133
뛰뛰빵빵	134
아침 풍경	135
아버지의 눈물	137
외롭다 느끼는 생각	138
두려운 사랑	140
에필로그	142

1부

동행

같이 간다고 동행은 아니야
가슴을 맡기고 가는 것
그게 동행이야

찬 바람 불면

울긋불긋 산을 덮은 단풍이
하나둘 떨어져 고운 이불 만들고
사람들 두꺼운 옷차림이
겨울을 느끼게 하는 아침

찬 바람 불어
그리운 사람 되살아나 눈에 걸리고
그 모습이 아른거려 가슴이 시립니다

기러기 날아간 하늘
구름 사이에 언뜻 보이다
가슴에 자리하여 손 꼭 잡아 주고
저 하늘에 꽃이 돼 버린 그리운 사람

어머니,
당신이 떠난 그날은
더운 여름날이었건만
찬 바람 부는 날 더 그리운 건
당신의 뜨거운 정 가슴에 남아
두 손을 데우기 때문입니다
보고 싶어 눈물 나는 아침
가슴이 아려 옵니다

산다는 것 1

바라보는 것은
내 눈이 아니라 마음인 것을
잘할 것이라는 바람과
잘될 것이라는 희망이 있으면 되지

육신이 힘들어 가슴이 슬퍼할 때면
버려야 할 것이 무엇인지 생각해 본다
오늘이 마지막 날이라도 울고 있을 터인가

어디쯤에서 내려야 하겠지만
그날이 언제인지 모르고 산다
사는 동안 놓지 말아야 할 건 희망이겠지

오늘 힘들고 가슴 아파도
내일 뜨는 태양을 소박하게 마중하고
기꺼이 받아들이는 삶이면 좋겠다

지친 삶을 살지 않는 사람 어디 있으랴
산다는 것은 목적이 없어도 된다
하늘이 준 선물이기에

노을

당신이 바라보는 건
지는 노을이지만
내가 바라보는 건
당신입니다

노을 속에 지는 해를
당신은 기다리지만
내가 기다리는 것은 당신입니다

내일 아침 뜨는 해는
같이 바라볼 것이기에
노을은 희망되어 사라집니다

겨울나무

파릇한 봄날
예쁜 싹 피고 꽃단장했지

오가는 사람
어서 오라 손짓하다가
여름날 모진 바람 폭풍에 꽃잎 떨구고
앙상한 가지 내밀어 서럽다
그 설움에 찬 이슬 머금어
아침을 토해 냈구나

이제 꿈을 꾼다
새싹 피워 벌 나비 부르고
그늘 만들어 산새들 쉬게 할까

앙상한 가지에 하얀 눈 내리면
눈꽃 송이 잔뜩 품어
나의 사진에 배경될 때
서글픈 눈물은 고드름 되었지

베어져 불쏘시개 되는 날
푸르렀던 옛날 그리워 울겠구나

가을날 뿌린 씨앗
하나둘 피면 하늘 향해 팔 벌리겠지

숨겨 둔 마음
비상하는 새들에게 전하고
묻어 뒀던 이야기 애절한 시가 되면
누가 읽어 줄까

너는 엄동설한 모진 날에
슬프게 남을 한 그루 고목
매일 바라 왔던 시간 속
너의 소박한 꿈을 아는 이 있을까

거칠었던 날
겨울나무의 고왔던 꿈을

동행

그대가 머무는 곳
그게 어디라도
걷지 못하면 기어서라도 갈 거야
내 맘에 남아 있는 조그만 촛불은
너의 향기가 있어
오늘도 꺼지지 않아

어젯밤 꿈에 본 너의 작은 미소
이 넓은 세상을 너와 같이 간다면
떠날 수 있어

슬픔과 두려움 있어도
괜찮아
네가 있어 세상은 아름답다고 말할게
너도 그렇다고 말해 줘
내가 있어 행복하다고

같이 간다고 동행은 아니야
가슴을 맡기고 가는 것
그게 동행이야

비움

하얀 백지 한 장
순백의 아름다움 그리고 설렘
방긋 웃는 아이
깨물어 주고 싶은 귀여움

눈이 부셔 고개 숙이면
반사되어 들어오는 아름다운 햇살

우린, 잊고 살아가는 것이 많아
시간을 비워 두는 연습을 못 했어

여백을 품은 동양화
거기서 느껴지는 깨달음

오늘은
백지 한 장에 아이를 그리고
햇살이 비치면
잊었던 것을 그 여백에 올려 선물할게
네 가슴으로 다가설 때
받아 줄 비움이 있으면 좋겠어
가득 채울 수 있게

천둥

먹구름 위
잠들었던 천둥
겨울 알릴 생각에 일찍 일어나
찬비 뿌리고 고함친다

섬광이 번쩍
몇 초 지나면 우르릉 쾅쾅
항상 번개 다음 지르는 소리

한 번도 이겨 보지 못한
패배의 외침인가
그 울음 참 무섭다

가만히 있는 나에게
왜 이리 큰 소린지

네가 지나간 다음 날
겨울이 성큼 왔다

너는 전령사였나 보다

살아가는 모습

느릿느릿
말이나 행동이 그러면
거북이나 곰탱이라 놀립니다

하지만
그 사람
몸과 가슴에 익숙한 말이라
크게 거슬리지 않습니다
판단은 더 빠르다고
웃고 있을지 모릅니다

성질 급한 사람은
그가 부러울 겁니다
그것 때문에 손해 보고 후회도 하며
가슴 치는 경험을 하니까요

거북이가 되고 싶은데
천성이 그렇지 못해
부러워하며 살아야 합니다

부러워하지 마세요

거북이도 그런 당신이
부러울 때가 있을 겁니다

있는 그대로의 모습으로
조금씩 고치며 살다 보면
거북이 곰탱이도 부러워하는
또 다른 네가
거울 앞에 서 있을 겁니다

부럽다 느낀다면
생각을 아주 조금만 바꾸어
오늘부터 시작하는 겁니다

나도 한번
그렇게 해 볼까 생각 중입니다
엄청 급한 성격이거든요

겨울 아침의 사색

겨울 동산에
눈이 소복 쌓이면
거기 숨죽여 잠든 다람쥐
무슨 생각을 하고 있을까

아침 찬 바람 불어
옷깃 살며시 잠그고 나선 거리
햇살은 살포시 앉고
낙엽은 아침 이슬에 덮여
또 무슨 생각을 하고 있을까

텅 빈 공원
벤치에 쌓인 살얼음
햇살이 반사되어 하늘로 가면
내 마음에 겨울바람 불어와
발등에 멈추기에 나지막이 물어봅니다
어디서 왔는지
어디로 가려 하는지

작년에 쌓였던 눈은
봄바람에 녹아 바다로 흘러
태평양 돌아 대서양을 건너며
무엇을 보았는지
무슨 생각을 하며 여행했는지
알고 싶습니다

겨울밤에 냉한 가슴은
손끝에서 먼저인지
발끝에서 시작인지 모르겠습니다

방랑자는 소설을 만들고
사색하는 사람은 수필을 그리며
슬픈 사람은 시를 쓴다는데

겨울 아침이
동화 속 아이가 되어 내게로 왔습니다
시 한 편 써 달라고

지친 그대에게

네가 삶을 얘기할 때
나는 아무 말 없이 웃어
가슴 아프겠지

슬프다고 말하면
같이 울어 주지 않고
고개 숙이는 모습만 보여
너를 더 슬프게 하겠지

아픔을 말해도
거들지 못하는 것은
더 아파하는 그 모습이 싫어서
그랬어

내가
널 뿌리친다는 것이
너를 위한 마음이란 것을
스스로 알 때까지
나는 기다림을 할 거야
그게 내가 가진
너에 대한 사랑이니까

겨울바람이 차갑다
네 가슴에 남은 바람 꽁꽁 동여매고
북극까지 가져가길 철새에게 비는 것은
나의 작은 바람이야

힘들 때는
아무 데나 주저앉아 쉬었다 가렴
그때 들려오는 소리 중에
나의 노래도 있을 거야
너를 응원하는 간절한 소리

널 기다려 줄게

하늘을 보며

하늘이 자주 바뀌는 이유를
넌 아니?
우리 마음이 자주 바뀌지 말라고
선수 치는 거야

하늘이 푸르면 속 깊게 생각하고
먹구름 끼면 밝은 생각을 하자

하늘을 보며
내 맘 같다고 하지 말자
분위기는 우리가 만드는 거야
하늘에 휘둘리지 말고

가끔, 아주 가끔은
있는 그대로 봐도 좋아

하늘을 봤어
오늘은 있는 그대로를 보려고 그래

너무 푸르러서

거친 세상을 살면서

걸어가는 길에는
화사한 꽃이 만발했고
흐르는 강물 벗 되어
흙탕물일 때도 어김없이
바다까지 동행했다

삶이라는 틈바구니에 흘렸던 눈물 말라
소금 기둥 되었다 해도 알아봐 주지 않고
숨소리 한 번 낼 때마다
노심했던 심장의 박동을
어찌 말로 다 할까

거친 들판에 오르면
모래바람 불어 숨을 조이고
내리쬐는 태양을 똑바로 바라보려 했건만
거부하는 눈꺼풀은 이미 내 것이 아니었어

세상을 이렇게 살았다고 말하면
누구나 그렇게 살았다고 화낼지 모르겠지만
그렇게,
자신을 말하지 못하는 사람 역시

큰 틀에서 벗어나려는 하루를
고민하며 살았을 거야

생을 말로 하는 것은
그 자체가 모순이고
오류를 가지고 있어서
조용히 묻고 가는 것일지도 몰라

평행선을 달리며
거울에 비친 모습을 잡으려
빈손을 내밀지

인생이란 것에
대못 한 번 힘주어 박자
매듭을 풀어야 할 때는
잘 갈린 칼로 무를 베듯
주저하지 말고

거친 세상을 살면서
너무 오래하는 생각은
더 아프게 할 때가 있기 때문이야

뉴스

연기가 피어오른다
소식을 전하는 앵커는
매일 아궁이에 불 지피는
무서운 사람의 가면을 벗겨
나에게 보여 주고 있을까

읽고 들었던 것을 상상하고
그건 정말 그랬다고 쉽게 단정하는
우리들의 바보 같은 생각
매스컴은 나를 거기에 있게 한다

불 지피는 사람이 누군지 모르고
연기가 나는 것에 몰두하다가
그 사람이 누구였다 말하면
그렇다고 믿어 버리는 눈뜬장님이 되어
바보가 되어 가는 것은 아닐까

진실을 묻어 버리는 시간
그 위에서 내 주장을 말하고 있는 것 같아
슬프다

있는 그대로만 말해 주면 좋겠어
판단은 내가 하게

되돌이 사랑

동장군 서슬 퍼레 볼 스쳐 달아나면
발이 시려 동동 구르던 기억
갈라진 손등에 피 맺히면
혓바닥으로 쓸어 밀던 아이

뜨거운 물에
손 담가 씻겨 주던 어미 사랑 생각나
어느새 두 볼에 눈물 주르륵

그건, 혼자 있어도
혼자가 아니라는 것을 느끼는
심장에서 꺼내 보는
가슴 시리고 그리운 추억

찬 바람 불어오면 어미가 그랬듯
나도 아이에게 전해 줄
추억 만들기 하고 있을까

되돌이 사랑을 하고 있을까

행복에 대한 생각

행복은 가려진 천 뒤에 있고
가까이 있어도 느끼지 못해
다가서면 뿌리쳐 버렸던 것

태풍에 열매를 잃었을 때 절망감
농부는 먼 산 한 번 보고
다시 밭으로 간다
흘렸던 땀방울을 찾으러

바쁘게 사는 하루
꿈이 있어 걸어가고 있다면
힘들어도 어깨 가볍다

가슴을 닫으면
불행은 거기에 싹트고
행복은 가슴을 비워야 생긴다
욕심은 행복이랑
한집에서 살지 못하니까

흘렸던 땀방울이 행복 아닐까

야망과 행복

이루려는 것은 야망이고
느끼려는 것은 행복입니다

야망을 이루려면
욕심을 가져야 하고
행복을 느끼려면
욕심을 버려야 합니다

두 가지 전부를 가지려면
모두 잃을 준비도 해야 합니다

하늘이 모두 허락한다면
최고의 선물이지요

하나를 가지라 하면
무엇을 선택하시렵니까

나는
소박한 꿈
소소한 행복 가지렵니다

사랑에 관한 생각

사랑은
참, 힘듭니다
그 사람 자체를 인정해야 하거든요

사랑해서 떠난다는 말
그건 거짓입니다
더 사랑하는 것이 있어
당신을 떠난 겁니다

사랑하는 사람에게
당신을 위해 다른 것을 버리라 마세요
두 번째 버려지는 것은
당신이 되기 때문입니다

당신에게
사랑을 묻는 사람은 사랑하지 마세요
죽는 날까지 사랑을 확인하며
가슴 한쪽을 달라 하기 때문입니다

사랑은
쉬운 것이 아니랍니다

받을 때는
열어야 할 넓은 가슴이 있고
줄 때는
내 영혼까지 바쳐야 하거든요

있는 그대로
하고 싶은 만큼만
주어도 텅 빈 곳이 없을 만큼만
사랑하세요

말을 아껴
손 한 번 잡아 주세요
사랑한다는 말 너무 쉽게 마세요
쉬운 사랑은 없기 때문입니다

인생이란 정거장

수많은 정거장을 거쳐
지금 내가 내린 곳은
지나쳐 버린 정거장보다 좋은지
아님, 나쁜지 모르겠다
오래 머물고 있어 거부감이 없을 뿐

다시 버스에 오르려면
거친 용기가 있어야 함에
고개 숙이려 하는 것은 아닐까
지나쳐 온 것도 나의 선택이고
다시 오른다면
또 다른 선택이 된다

종착역에 갔을 때
후회를 남기면 안 되는데
가야 한다는 사실과
머물러야 한다는 편안함은
싸움을 끝내지 않았다

내가 지나친 정거장을
당신이 들렸을지 모른다
당신이 지나친 정거장을

내가 들렸을지도 모르고
우연히 만나면
서로 들렸던 정거장을 이야기하겠지
봄날에 꽃이 만발했고
어느 날
태풍이 몰아쳐 길이 끊겼던 일들
무지개 동산에서 놀던 기억들
질세라 자랑하며 떠들겠지

지금
나는 간이역 주막에서 쉬고 있는데
너는 어디쯤 가고 있니

나만의 색깔

사람들은
하나의 색깔을 가지고 살지요

남의 말을 잘 들어 주는 사람
자기주장을 많이 하는 사람
전부 열거하려면 끝이 없지요
참으로
많은 모습을 하고 살아갑니다

저 사람 참 많이 부럽다
이런 생각
한두 번 느껴 보지 않은 사람은
아마도, 없을 겁니다

부러워하지 마세요
당신을 부러워하는 사람도
몇 명 있을 테니까요

나만의 색깔은
나의 자존심일지도 모릅니다
그것으로 인해
큰 손해를 보셨다면

투명 물감을 한 방울 떨구세요
표도 안 나고
살짝 빛이 발할 테니까요

우린 어머니 배 속에서
그렇게 만들어진 색깔에
성장하면서 여러 번 덧칠하며
지금의 색깔이 되었습니다

나만의 색깔은
누구에게도 없는 멋진 색깔입니다
소중하게 간직하세요

원망
  - 대한민국 국회의원에게

하늘을 보며 왜 그랬냐고 원망하면
찬 바람 휑하니 불어 얼굴을 때린다

세상은 마음먹은 것처럼
호락호락 돌아가지 않고
괜한 술로 목구멍 축일 때
옆자리 취객 소리가 정겹다
내가 지르고 싶었을 그 원망
대신해 주니 한잔 술 권하고 싶고

그가 말하는 세상도, 내가 느끼는 세상도
모두가 바라는 세상

그렇게 흘러가지 않는 것을
모르지 않았을 텐데
왜 그렇게 자신만의 세상을 만들려 하는지
그곳에 가면 그렇게 변하는 것인지

초심으로 돌아가 보라
파릇한 잎사귀 숨어 살던 산새들
앙상한 가지에는 숨지 않는다

2부

시간이 흐른 뒤에

후회는 먼 훗날에 하려고요
남겨 두어야
지금 내 마음이 편하니까요

당신의 상처는 잘 있습니까

철 지난 바닷가를
홀로 거닐었던 경험을 해 보셨다면
주마등처럼 스치는 생각들이
살아날 겁니다

하나둘 부서져
밀려오는 파도 위에 살아나
가슴에 다시 쌓이는 것들

그것 ~~중~~에
진주처럼 아픈 상처를
감싸는 슬픈 사연은
누구에게도 말하지 못했던
작은 이야기였습니다

시위를 떠난 화살이
되돌아오지 않는 것처럼
지나간 상처는 무엇으로도
메꾸지 못한다는 것을 알아도
치유하겠다는 고집은
더 큰 상처를 만들었습니다

나는
더 자라 버린 진주 하나를
깊숙이 가슴 바닥에 숨겨 놓고
당신을 만나면
해맑은 미소를 짓습니다

세상을 살면서 받았던
웃음 뒤에 숨은 슬픔을
당신이 모르기를 바라면서

나는 깊은 상처는
어부의 그물에 걸리기까지
숨죽여 살아가는
진주조개일지 모릅니다

그가 준 상처를
사랑하기까지는
오랜 시간이 걸리겠지요
내 상처는 그렇습니다

당신의 상처는 잘 있습니까

세상살이 거기서 거기

세상살이 어떠냐고
물으면 살 만하다 답하세요
개똥밭을 굴러도 저승보다 이승이 좋다고 하니
그 말 믿고,
힘들고 어려워도 살 만하다 하세요

어렵다 말하면
그 누가 선뜻 가슴 벌려 안아 줄까요
멀리서 찾을 생각 말고
가까이 고개 숙여 보세요
마음 받아 줄 사람 방긋 웃고 있을 겁니다

우린 멀리 보는 나쁜 습관이 있어요
그게 문제란 걸 알면
세상살이 생각만큼 힘들지 않아요
매일 비우며 살아가면 좋아요
마음이 편해야 몸도 편하거든요

병은 마음에서 온다는 말
하루 한 번 읊조리고
가슴으로 기억하며 살아가세요

세상살이 거기서 거기니까요

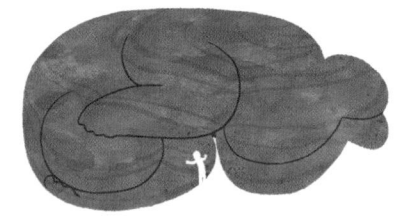

종교를 떠나

크리스마스이브
종교는 달라도 축복의 날
기도하는 사람 많겠네요

오늘 하늘이 팔십억 명 기도 들으려면
무지 바쁘니까
하나만 바라세요

다만, 노력하지도 않고
소원 들어달라고는 하지 마세요
괘씸죄에 걸려 맑은 날 벼락 맞을 수 있어요

소박한 기도 하나만 하세요
하늘도 부담 없게요
두 개를 한다면
하나는 당신을 위한 기도
또 하나는 남을 위한 기도를 하세요
그건 들어줄 겁니다

기독교 신자는 아니지만
들어주리라 믿고 기도할까 합니다
바람이 무엇인지는 묻지 마세요
비밀입니다

희망

마른땅에 파릇하게 피어난 새싹을 보면
쉽게 좌절했던 내 자신에게
미안함이 든다

누가 던져 주는 것도 아니란 것을 알면서도
선뜻하지 못했던 것에 반성문 하나 쓰면
거기 너란 놈 곱게 피었다
하늘 향해 소리 지르면
깊숙이 파고들어 우두커니 서 있을 미소
나를 사랑하는 날에 너는 날개를 달았다

약한 마음 접어 잠시 곳간에 넣어 두고
너를 꺼내려 몸부림하는 나의 떨리는 손끝에
눈물이 돈다

너는 무지개 같은가
일곱 색깔 중 하나를 빼먹었다
남아 있는 것은 무슨 색일까
다 빼먹고 다시 채워지는 날에
그게 무엇인지 말할 수 있다
세상을 배웠으니까
너는 항상 내 곁에 있었다는 걸 알았으니까

삶의 상처

누구나 아픈 상처가 있어
작다 크다 말하지 말자
내 상처는 당신 것보다 크고
당신 상처는 나보다 더 크겠지

서로 보듬어도 치유되지 않는 것
그게 상처겠지
한잔 술 기울여 잊히는 것은
상처가 아니지
해가 바뀌어도 다시 꺼내 가슴에 적고
하늘이 부르는 날까지 곱씹는 것
그걸 남겨진 상처라 하지

그건 크고 아파
같이 꺼내 보지 못하는 것이라
더 크고 아파
진주가 되어 가는 것이지
우린, 누군가 캐어 갈 진주를 만들며
그렇게 늙어 가겠지

지금 창밖에는 눈이 내린다
삶의 상처를 덮으려고

아이야

부모는
항상 가슴 아프다
떡 하나 생기면
네 얼굴이 떠오르고
기죽은 모습 보면
소금이 더해질 아픔에
가슴이 찢어져 더 아프다

부모는
너에게 말을 걸어도
무언으로 바라봐도
줄 게 없나 또 찾아보고
심장이라도 주고 싶어 몸부림친다

부모가
가끔 혼낼 때나
맘보다 행동이 앞서
회초리를 들었을 때도
가슴에 못을 박았다는 것을
아이야
깨달을 날 있을 거다

가슴 열어 말하면
내 가슴 내어 주고
아프다고 말하면
그 대신 아프고 싶은 것이
부모들 가슴이다

부모가 되었을 때쯤에
너도 알게 될 거다
그래서
내리사랑인가 보다

해가 바뀌면
더 성숙한 너를 기대하지만
그렇게 하지 못해도
가슴 열어 맞이할 준비하는 것이
부모란 걸
꼭 기억해 주렴

시간

훌쩍 지났다
가라고 하지 않았는데 하루인 것처럼
그렇게

시간은 내가 잠을 자도
일에 빠져 정신없어도 아랑곳하지 않고
훌쩍 떠났다

다가왔다
오라고 손짓한 적 없는데

큰 바위가 막고 있어도
거침없이 뚫고 왔다 떠난다

흐르는 시간은 친구일까
나이를 덮어씌우는 도둑놈일까
보이지 않는 공기처럼 투명의 망토를 쓰고
아침 태양을 잉태하며
동토의 찬 바람 뚫고
설레며 왔다가
떠날 때는 말없이 간다
머리에 하얀 서리 남기고

명상

뒤안길로 보내 버린 시간
거기에 묻어 두어야 할 것과
희로애락이 가득 든 기억
꺼내기 싫은 것은
콘크리트 철벽에 담아 버리고
다시 꺼내어 되새김해야 할 것은
다른 생각으로 바라보아야 한다
매듭을 짓고
또 풀어야 하는 반복된 삶에 대한
지나친 생각은 버려야 한다

텅 빈 주차장을 바라본다
어제저녁에 꽉 차 있던 곳
모두 떠나 버렸다는 착각이 들고
혼자 책상에 앉아
커피 믹스를 탔다
하얀 눈밭에 수놓은 바퀴 자국은
거기에 녹아들어 가슴 시리다

시간이 흐른 뒤에
다시 여기에 다시 앉아
같은 기억을 할 수 없다는 것이

한계라는 것에 고개 끄덕이며
보내 버린 시간은 놔주고
남은 시간과 씨름할 생각에
잊었던 청춘의 어느 날이
바람 되어 가슴을 파고든다

다시 구두끈 동여매고
하루씩 쌓아야 할 탑들을 그리며
식어 버린 커피 잔을 든다

함덕해수욕장

시베리아! 가 보고 싶은 곳
거기에도 꽃이 핀다
언젠가 가 보고 싶은 곳

산을 넘지 못하고
돌아서 가야겠다는 생각이 들면
가고 싶어 꿈에 보던 곳
가슴이 그곳으로 떠민다

바다가 보고 싶다
눈이 쌓이지 않는 넓은 수평선
희미하게 보이는 돛단배
시린 손 주머니에 넣고 바바리코트 깃 세워
바람에 흘린 눈물을 감추던 곳
봄이면 수줍게 새싹 내미는
제주 동편 해수욕장

오늘 문득, 그곳에 가고 싶다
묻어 둔 추억이 있는 곳
지금은 옛 모습 사라져
사람 발길 많아 서러워 우는 동쪽 동네

함덕해수욕장

아침 햇살

하루를 시작함에
그대가 있어 행복하다

아침을 열면
방긋 웃어 반기며
영롱하게 들어오는 간지러움
화도 내지 않고
구름에 가려도
어김없이 아침을 만들어 나를 깨우니
참 좋은 친구다

알람 벨 소리 울리면
제일 먼저 찾아와 인사하는 네가 있어
하루가 사랑스럽다

오늘도
어김없이 나에게로 다가와 인사를 한다
정말 고맙다

아침을 열어 주는 좋은 나의 친구
네가 있어
오늘도 행복한 아침을 시작한다

외돌괴

하르방!

고기 잡는다고 나간 지가 언제인데
여태 안 돌아오소
할망 가슴 멍들어 바닷물 파랗게 변하고
기다리던 몸은 굳어 여기 서 있는
바위 되었소

보이시오!
저 거친 바다를 눈물 흘려 바라보는
한 많은 여인
바위 병풍 만들어 거친 바람 막고
고무신 하나 던져
바람막이 앞에 심었소

오늘도 철썩철썩 거친 파도
내가 흘린 눈물에 치이고
하르방! 언제 올까 먼바다 바라보며
여기 서 있소

하르방!
흘린 눈물 파도 만들고
하얀 머리 뽑아 초목 만들어
오매불망 기다리다 망부석 되었더니
올레길 도는 사람
외돌괴* 라 부른다오

* 외돌괴(외돌개): 고기잡이 나간 할아버지를 기다리던 할머니가 망부석이 되었다는 전설이 있다. 대표적인 제주 올레길 7번이 있는 외로운 바위! 그 앞에는 범섬이 있다

우리 사이

사진첩에
너는,
찾을 때 뒤적이지만
머리에 남은 너는
한순간 새록새록 되살아나지

난,
너에게
소중한 사람이고 싶어
네가 죽을 때까지 머릿속에 남아 있는
그런 사람이 되고 싶어

내가
너를 생각하는 그만큼만

오늘도
난 목마르게
그런 하루를 살아갈 거야

너에게 난
물어보고 싶지만
가슴에만 담고 살았지

용기 내어
너의 기억 속에 나는 무엇으로 있는지
확인하고 싶지만 참기로 했어
어리석은 질문이라서

너를 가끔
생각하는 것만으로도 충분해서

〈홍콩 여행 중 친구들과 찍은 사진〉
왼쪽부터 인구, 상기, 광범, (작가), 영완, 창열

내일은 늦어요

그리워하면 그립다고 말하세요
숨겨 두면 나중에 한이 되니까
그래요

사랑한다는 말
입속에 숨겨 두지 마세요
삼켜 버리면 꺼내기 무서워 못 하거든요

달님 옷 갈아입고
빌딩 숲 살짝 지나 심장에 발자국 남기면
거기에 사랑 노래 쓰세요

밤이 지나 아침이 찾아오면 말하세요
사랑한다 한마디 던지면
그 사람 눈가에 이슬 맺히고
내 가슴에는 붉은 태양 들어와
모닥불 피울 테지요

사랑한다는 말 아끼지 마세요
시간이 흐르면 못 하니까요

내일은 그 사람
당신 곁을 떠날지도 모릅니다

거짓말

거짓말 많이 하면서
이 넓은 세상 살아갑니다
열 번 중 아홉은 나에게 하고
딱 한 번 당신에게 합니다

당신에게 거짓말을 할 때
두 눈 곱게 뜨고
멋지게 당신을 속입니다
당신이 믿을 거란 확신은
웃음 띤 당신 입이 납해 주시요

웃어 주고 맞장구치며 흥을 돋워 줄 때
거기에 하나를 보태면
당신은 박장대소하지요
나는 더 신나게 거짓말을 하고요

당신이 거짓말을 해도
손뼉 치며 즐거워하는 건
당신도 나랑 같다는 걸 알기 때문입니다

나를 만나면
거짓말 하나 준비했다가
멋지게 속여 주세요
나도 당신을 위해 새로운 거짓말 하나
멋지게 준비하겠습니다

좋은 거짓말은
우릴 더 돈독하게 만들기에
맛있게 양념 듬뿍 발라 준비했다가
당신을 웃게 하겠습니다

기대하세요
다음 만남에는
멋진 거짓말을 하겠습니다

친구에게

그대에게 긴 겨울이
나에게도 가슴 먹먹하게 성큼 다가온다

터널에 켜 있는 조그만 전등이
어둠을 몰아낼 때
거기에 서 있던 사람이 당신이었지

우린 같을 길을 가지 않지만
손들어 휘저으면 먼발치서 응원하고
넘어져 힘들어할 때면
기꺼이 손 내미는
그런 사이지

어느덧 육십 줄이 넘었어
건강하시게나
욕심은 이제 내려놓고
훨훨 날아가는 새 등에 올라
이 세상 저 세상 구경하며
살면 좋지 않겠나

인생은 휴가를 주지 않는다네
현명한 사람이 찾아서 쉬는 것이지

친구
얼굴을 마주할 때 주름 하나 늘어도
청춘을 같이 했던 모습이 보이니까
그럼 된 게 아니겠나
삶이란 놈이 만든 흔적이니 어찌하겠나
그러려니 생각해야지

조만간, 얼굴 한번 봄세
옛이야기 나누며 등도 두들겨 주고
허락하면 소주도 한잔하고

백세 시대라는데
이제 중반 조금 넘었어
꿈은 버리지 마시게나
그러기에는 이른 나이니까

속도를 조금 낮추어
천천히 아주 천천히
길가에 핀 꽃도 보면서
쉬엄쉬엄 같이 가세나

공수래공수거

세상 태어나
갈 때는 빈손으로 간다고 하여
공수래공수거라 하지만
어디 마음대로 되던가

앞에 놓인 국그릇 하나도
버리지 못하는 것이 살아가는 삶이거늘

先人은
버리라 버리라 하는데
쌓여 가는 욕망에 빠져
그것이 행복하다 느끼는 평범한 삶을
누가 잘못이라 탓하랴

있는 그대로
느끼는 생각대로
후회도 하고 미안해하며 살면 되지
미워하고 질투도 하면서 살아가는 것을
누가 잘못된 삶이라 말하랴

살아가는 동안
돌아보면서 반성도 하고
그걸 느끼는 날에
사랑 하나 나누어 준다면
잘 살았다고 말해도
돌 던질 사람 어디 있으랴

어제
미워하는 마음 생겼다면
오늘은
용서하는 마음으로 하루를 살아 보세
미움은
그다지 쌓이지 않을 테니까

공수래공수거를
가슴에 담지 않아도 된다네
삶은 다들 비슷하니까

인생

보이는 곳까지
가다 보면 쌓이는 것들
내가 버린 것은 누군가 줍고
낯선 이 버린 것은
슬며시 내가 줍는다

어머니 젖무덤 그리운 날에
불렀던 간절한 소리는
땅바닥 이리저리 뒹군다
아버지 성화에 감춘 목소리는
메아리 되어 이제 들리고

내 꿈은
잔가지에 매달렸다가
휘파람 소리에 길 떠난다
조금 버리면
가볍게 창공으로 날 터인데
무엇을 버려야 할지 몰라
잠을 설쳤다

인생길은 갈수록 좁아져
한눈팔 수가 없다

곡예를 부려야 할 순간에
관객은 사라지고
거기에 참회록을 쓰겠지
무엇을 써야 하는지
떠오르는 것이 없다

가다 보면
백발이 저만치서 알려 줄까

시간이 흐른 뒤에

오늘 밤 꿈에는 달님이 오실까요
해님이 살금 오실까요

아니면, 그리운 사람
잰걸음으로 오실까요

꿈을 꾸면 그게 희망이어도
항상 그것들과 씨름하고 고개 끄덕입니다

일 년을 보내고
또 일 년을 보내
세월 쌓여 산이 되는 날
꼼꼼하게 하나씩 파헤쳐 보렵니다
어떤 후회가 남아 있는지

남은 것이 무거워도
다시 할 수 없다는 것을 알기에
두렵지 않을 겁니다

후회는 먼 훗날에 하려고요
남겨 두어야
지금 내 마음이 편하니까요

닮고 싶은 사람

내가 그 사람을 만난 건
참 오래되었다
그는 언제 만나도 편해서
가슴에 준비를 심지 않아도 된다

만나서 세상 이야기하다
저녁값 계산할 때
먼저 달려가지 않아도 밉지 않다

그 사람을 좋아하는 이유를
묻는다면 딱 두 가지
언제나 맑은 미소를
입가에 짓고 있다는 것
내 얘기를 끝까지 들어 주고
칭찬을 아끼지 않는다는 것
나에게는 없어 부러운 그것

그 사람이 좋다
너무 좋다

당신도 그런 사람인가요

그런 사람

뭐라 딱히
나에게 잘못하지도 않았는데
미운 사람

그 사람 역시
같은 생각을 하겠지
사람은 느낌이 있으니까

미움이 생겨
답답한 마음이 들면 허공을 본다

나 역시
당신에게 그런 사람이 되어
하늘을 보게 하고 있겠지

가슴 열어 대화해 보지 않고
첫인상을 믿어 버리는
잘못된 생각을 지워 줄 사람

그런 사람이 어디 없나요

여인에게

꽃을 꺾지 마세요
거기 있을 때가 예뻐요
한 송이 피어날 때
꺾일 줄 알았다면
꽃피우지 않았을 겁니다

꽃 중의 꽃은 바로 당신입니다
꽃다발 너무 좋아하지 마세요
예쁜 당신에 놀라
며칠 후 시들거든요

꽃은
그 자리에 있을 때
그윽한 향이 더한답니다
당신이 그런 것처럼

여인이여!
세상에서
제일 예쁘고 향기 나는 꽃은
당신입니다

사랑

눈에 보이는 것이면
그림으로 그려 보련만
냄새가 있어 향을 피우면
표정으로 말할 텐데

맛을 보고
내 취향이면 그렇다고 할 수 있는데
사랑은 그런 것이 아니라
한마디가 어렵다
그래서
사랑은 눈으로 말하라 했나

쉽게 말하면
사랑의 표현인 것을
알면서도 안 하는 바보

우린 바보로 살다
어느 날 울면서 고백하고
후회하지

미소만 보여도 사랑인 것을
쉬운 것도 못 하며
바보로 살지

아버지 1

이제, 당신은 아이가 되어
제 가슴을 헤적입니다

돌아보니,
당신이 나보다 더 헤적였을 가슴이겠구나
지금에서야 느껴 봅니다

아버지, 당신의 기억 하얗게 변해
아이들 모두 잊어버리는 날
거기 서 있어도 모르고 눈 감는 날
참회의 노래 부를 애달픈 자식입니다

지금 그대로의 당신을
가슴에 담지 못하는 철없는 자식들이라
그렇게 생각하세요

나중에 흘린 눈물
강 건너 당신을 찾으면
마중 나와 받으실 때
용서한다
한마디 말해 주세요

아버지는 그런 거랍니다

나이 들면

부모는
어렸을 때 앞에 있다
늙으면 아이가 되어
가슴에 남는 그런 거랍니다

내 아이는 예뻐
다 주고 있는데
그 아이에게는 마음만 줘
가슴 아프게 하지요

나이 들면
나도 그 아이 되어
아이들 가슴에 남습니다

까마귀 삼일 공양 이해하면서
또, 변명하겠지요

나이 더 들면
더 그럴 겁니다

그대

그대를
그리워하지 않습니다
보고 싶기 때문입니다

보고 싶지 않습니다
좋아하기 때문입니다

좋아하지 않습니다
사랑하기 때문입니다

사랑하지 않습니다
존경하기 때문입니다

그대는
나에게 하나밖에 없는
소중한 사람입니다

말로는 표현할 수 없는
너무 그리운 사람

그대

산다는 것 2

거리에 어둠이 내리고 라디오를 켜면
하루가 이렇게 마무리되었다는
긴 안도감에 잠긴다

아침에 길을 나설 때
오늘은 어떤 일이 있을까
생각하지 않는 것은
황폐해진 가슴이라서 그렇다는 것을
몰랐다

살아간다는 것은
자신을 사회에 보내는 것
내가 그것들을 받아들인다는 것을
부정하지 않는 것은
많은 시간이 흐르는 동안
쓴맛을 보았기 때문일까

가물가물 생각을 되새겨 보면
젊은 아이가 꿈을 찾아 헤매던 그곳에
한 발 내딛는 순간은
가장 행복했던 날이었다
다시 그때가 되어
시작하라고 한다면 할 수 있을까

돌이켜 보면
못할 것 같다는 생각이 든다
힘들었기 때문이다
인생을 적는 일기장에
모든 것을 적지 못하는 것이
참 다행이란 생각을 하게 되었다

산다는 것은
혼자가 아니라는 것을 느끼고
살며시 돌아보았을 때
여유가 싹트는 것을 알았다
그리 어렵지 않게 깨달은 것은
자신과 타협해야 한다는 것이다

사회는 나를 기다려 주기도 하지만
훌쩍 떠나 버리는 여인 같기도 하다

인생은 어려운 수학 문제를
매일 풀어 가는 반복인데
쉽게 모범 답안을 적지 못한다

정답이 없는 해답이라서

3부
술 한잔하자

한잔하는 날에는
사회가 우릴 슬프게 해도
안주 삼아 그놈 올려놓고
원망 가득 떠들다 보면
가슴에 담은 것들 달아나겠지

창

유리 커튼을 두고
건너는 창밖 안은 거실

건너는 낭떠러지
여기는 삶의 공간

밖은 차가운 바람
거실은 따스한 온기

창
그 하나의 경계선

돈으로 따지면
얼마 안 되는 그것

나는 누군가의 창이 되고
누군가는 나의 창이 되어
어우러져 살아간다

창밖에 그대가 보인다

만년필 예찬

이름 참 잘 지었다
오래오래 촉 관리만 잘하면
영원히 쓸 수 있는 것이라

종류도 여러 가지
지금 쓰는 이놈은
길들이는 데만 10년이 걸렸고
새로 산 놈은 종류가 달라
길들이지 않아도 된다

P사 것은 남성미가 있고
M사 것은 여성미가 있다

흔한 볼펜은
잃어버려도 아까운 게 없는데
이놈은 정성 들여 쓰는 놈이라
잃고 나면 연인이 떠난 듯
기분이 그렇다

떨어트려 펜촉이 상하면
그것 고치느라 서너 시간
땀 뻘뻘 흘리며 고치다 보면
내가 마치 의사가 된 기분

오래도록 사용 못해
잉크가 마르면 미지근한 물에 담가
청소하게 하는
한 성질 하는 놈이지만
잉크 적시면 백지 위에서 춤을 춘다

이놈에 빠져
검정 파랑 빨강
세 개의 만년필을 가슴에 꽂아
출근할 때면 가슴이 따뜻하다

어떤 이는
강아지를 애지중지 키우지만
나는 만년필을 키운다
잉크만 먹는 놈이라
편식 없겠다 생각하지만
잉크에도 종류가 여럿
이것저것 먹여 보니
잘 먹는 게 하나 있어
나는 이놈에게 오로라를 먹인다

매일
나랑 같이 놀아 주는 이놈이
어찌 이쁘지 않겠는가
어제 출장길에도 이놈이랑 떠났다

언제까지 같이할지 모르지만
이놈이 있어 행복하다

너를 쓴 지 벌써 40년 훌쩍 넘어
얼마 없으면 금혼식을 하겠구나
금강혼식도 좋으니
쭉 가 보자

나의 만년필이여

변명

뱀은 먹이를 통째로 삼키지
사자는 목을 물어 창자를 먼저 먹고

세균은 가리지 않고
여기저기 퍼져 암 덩이 되어
서서히 잔인하게 생물을 먹어 치우지

무섭나?

사람은
가슴을 먹어 버리지
자신을 합리화하면서
무서운 사자나 세균이 이것보다 잔인할까

무섭다! 세 치 혀의 변명이

미안하다 하면 될 것을

사랑한 사람

사랑한 사람이 누구냐 물으면

낳아 준 부모님
같이 자란 형제
인연으로 만나 낳은 자식
모두 소중한 사람들

누가 그걸 저울질할까
한 가지
남기면 안 되는 것
선택한 사람

인연이 만들어 준 사람
사랑한 사람

당신

내가 사랑한 사람

그리움

하늘 끝까지 달려가
당신 모습을 볼 수 있다면
내 어깨에 날개 붙여 날아가고 싶다
거리에 황량한 바람 불어도
논두렁에 찬 기운 감돌아
눈에 눈물 고이는 날에도
보고 싶어 그리운 날에는
그대 찾아 길 떠나리라

어제는 무심했다
편지지에 글씨를 올리는 것조차
버거운 하루였는지 모른다
하나의 핑계를 말하는 것이다

그리워, 보고 싶어
당신의 이름을 부른다

그리움에 떨던 나의 입술이
꽃잎에 입맞춤할 때
당신의 그림자 거기 있으면
가던 길 멈추고 웃으려 한다

그랬구나

울어 울어
기러기 가는 곳
세상에 태어나 처음 살던 곳
낯선 곳이 아닌데 처음 온 것 같아
서럽다

하루 지나면 당신 모습 본다기에
홀로 한잔 술 한다
혼술

내일이면
기러기 날개에 묻혀 가겠지

당신은 아이들을 기다렸구나

그랬구나

아버지 2

사람들은 그를
천덕꾸러기라고 불렀다

조그만 동네에서 태어나 자라는 동안
사람들은 그를 천재라 했는데

누가 그를
그렇게 만들었는지 더듬어 보면
아무도 없다
그렇게 되기까지는 많은 시간이 흘러
서서히 변해 갔다

지금, 그는 돈키호테도 되었다가
욕심쟁이 스크루지도 되었고
이제, 다섯 살 아이가 됐다

훗날, 나도 따라 할 고집쟁이가 됐다

사람들은 그를
천덕꾸러기라고 부른다

스치는 봄

뜨거운 여름날에
그대는 하얀 겨울을 상상하고
흐르는 땀방울과 긴 씨름

겨울 되어 첫눈 밟던 날
두꺼운 외투를 몸에 걸치고
둔해진 걸음에 뒤뚱거리며
기다렸을 봄

봄은
느끼기도 전에
훌쩍 떠나 또 여름이 온다

봄날은 지나는 청춘처럼
언제 다가왔는지 모르게 떠나고
흐르는 땀방울이 그댈 맞이할 거다

스치는 봄은 내 청춘을 닮았는지
빠르게 간다

별

밤하늘에 뜬 별
새삼 그리운 날이 쌓여 간다
언제 봤는지 기억이 가물가물

평상에 누워
수많은 별을 세던 시절
오랫동안 쳐다보면 별이 쏟아져
깜짝 놀라 일어났지

별똥별 하늘 나르면
옆 동네 처녀 시집을 간다던데

윤동주가 헤던 별은
어디쯤 잠들었는지
내가 보았던 별들은 또 어디에

별들이 노니는 푸른 하늘
이 겨울 지나면 눈에 비칠까
내일이면 보일까

그냥, 강원도로 떠나 볼까

애들 싸움

며칠 있으면 입춘
지금 내리는 비는 겨울비일까
봄을 맞이하는 봄비일까

어제도 아이들은 싸웠다
강아지들 밥 달라 졸라도
아이들은 치고받고 멈추지 않았다

다가오는 설날에
고향에 가지 못한다고 하여도
아이들은 비 맞으며
열심히 싸움질한다

왼쪽 가슴에 단 배지는
같은 금색인데 왜들 싸우는지

말려도 듣지 않을 테니
그냥 지켜보자

의사당에도 이 비가 내릴까

봄바람 불면

북극에서 달려오는 봄바람 불면
누구를 기다리나요

적도를 지난 바람
귓가에 멈추는 날
벌 나비 날아다니면
거기 서 있는 당신은 누구신가요

당신과 걸었던 길가에는
개나리 활짝 피어납니다
기다림은 작은 떨림으로 남고요

날개 없어도 날아오르면
나는 흐르는 냇물에 사연 띄워
당신 품에 안길 테지요

예쁜 사랑은
그렇게 여물어 가는 거랍니다
추운 아침에 봄바람이
저 멀리서 잔잔하게 오고 있어요
사랑 노래를 타고

사랑은

소설 같은
영화 같은 사랑은
부러워하지 마세요

당신은 이미
더한
사랑을 주고받았습니다

남은 건
가슴에 남은 추억을
힘들 때
꺼내 보는 기억입니다

우리 사랑은

사랑을 그린
영화나 소설은
악마의 손짓일지 몰라요

우린
추억을
소중하게
포장하지 못했을 뿐
이미
멋진 사랑을 알고 있어요

시간이 흘러
잠시 잊고 있을 뿐

오름

한라산 줄기 따라
여기저기 흩어져
아름아름 피어난 오름이여

노루 뛰놀고
지다리* 여기저기 굴을 파
도토리 따 먹고 깊은 잠에 빠지면
사냥개 흩어져 흔적 찾는다

화산섬
수많은 사연 바닥에 깔고
태평양 바라보며 달처럼 누워
오르는 사람 반기는 오름들

어느 날
거문 오름**에 땅굴 파이고
일장기가 만발하던 날
거기서 죽어 나간 영혼은
아직도 구슬피 운다

---

* 지다리: 제주의 오소리
** 거문 오름: 조천읍 선흘리 있는 오름

따라비 오름* 억새 만발하면
사람들 숨소리 들리고
그 걸음 멈추어
한 폭 사진을 담는구나

어머니 품속 같은
억새 만발하는 날에

너에게
거친 숨으로 다가서련다

---

* 따라비 오름: 서귀포 표선면 가시리에 있는 오름
 -제주도의 오름에는 대부분 일제 강점기 때 만든 군사 시설이 있음.

아버지란 이름

당신을 따라 걸었습니다
머리카락이 날리는 것을 보고
바람이 분다는 것을 알았습니다
두려움이 있었을까
앞서갈 용기가 없었을까
당신을 따라 걸었습니다

당신이 걸음을 멈췄을 때
까닭을 모르지만
나도 당신을 따라 섰습니다
다리가 떨리는 것을 보고서야
내 다리도 떨고 있음을 느꼈고
지금, 이 순간이
힘든 시간이란 것을 알았습니다

당신은
앉아서 하늘을 봤습니다
나도 당신을 따라 하늘을 봤지요
찌뿌둥한 하늘에서
한 방울 두 방울 비가 내렸고
당신은 우산이 없었습니다
내 손에 있는 우산이

뒤늦게야 생각났습니다
출발할 때 당신께서 준 것이
나를 위해 건넨 우산이었다는 것을
그때서야 알았습니다

내가
당신이 되어 간다는 것을
느끼는 순간
거울에 비친 내 모습은
거친 피부와 깊게 파인 주름살
그리고 하나둘 보이는 흰머리

울고 싶어도
꾹 참았다가 숨어서 울었을
당신 모습이었습니다

어느덧
아버지가 되었습니다
나도 당신처럼
아버지란 이름을 가졌습니다

내 빈 껍데기

사람들은 당신을
마음으로 부르지 않았습니다
목소리를 들어도
대답하지 못하는 고집쟁이
그래서 당신을
가슴으로 부르지 못합니다

마음으로 불러도
가슴으로 답 못 하는 어린아이
내 빈 껍데기

당신을 위한 사랑을 지금부터 하나씩
차곡차곡 쌓아 놓으렵니다
필요할 때 하나씩 빼 먹을 수 있는 곳에
넣어 둘게요

저승에서 빚 받으러 온
저에게 주셨던 그 사랑을
당신께 돌려 드릴게요

당신께서 그 강 건너는 날까지

하루

불빛에 가려진 빌딩 숲
떠오르는 태양은 검은 도시를 감싸안고
뚜벅거리는 하루를 연다

베란다에서 내려다본 도시

발아래 지나치는 자동차들
어디론가 바삐 걷는 사람들
그사이에 휴지를 줍는 사람
정거장에 비상등을 켜
승객을 기다리는 버스
건널목에 기다리던 자전거가
급한 일이 있는지 빨간불에
횡단보도를 건넌다

무심코
지나쳐 버린 아침이었건만
태양은
매일 아침 어두운 거리 풍경을
저편 어디에 하나씩 묻고 있었다

한 바퀴 돌아
다시 내게로 온 태양은
잔뜩 묻은 흙이 있어
인사를 하는데 눈 감아 버렸다
내일 아침이 되면
과거로 묻힐 하루라는 생각에
아프다

그 사람

꽃과 견주면
그 사람 슬피 울다
꽃이 될지 모릅니다

꽃은 피고 지며
성숙한 망울로 다가오지만
그 사람 뜨거웠던 날 지나
지금, 분 발라 감추려 합니다

겉모습만 바라보다
마음 떠난 후
후회하는 바보가 되지 마세요

그 사람
푸르렀던 날은
꽃보다 아름다웠습니다

지금, 그 사람
꼭 안아 주세요
아무 말 안 해도 됩니다

고향

영혼이 떠돌다 머문 자리
아이 하나 울음으로 터 만들고
자유의 몸짓을 심었듯
몸부림은 태어나 뛰놀던 그곳으로
작은 감동 보내려 했다

꿈은 어디에서 시작되어
여기까지 흘러와 발아래 머물고
사이사이 비치는 두려움에 떨던 아이는
이제 흰 눈을 머리에 둘러
하늘 저 멀리 나는 비행기 보며
어머니 품속을 그리워한다

어디에 살고 있었는지
어떻게 살았는지 답하기 싫은 날
자꾸 물어보면 그곳에 가고 싶다

내 고향으로

떠나는 계절

갈 것 같지 않았던
길고 긴 시간을 담아
이제 떠나려는가

유난 떨며 활개 치던 한설은
구석에 남은 눈덩이 하나 물고
바람 따라 이제 떠나려는가

내리는 봄비에 밀려
북극 고향으로 떠나며
다시 돌아올 것이라
꽃샘추위 하나 달랑 남겨 놓고
이제 떠나려는가

그대 떠나면 개나리 활짝 피어
새색시 옷 갈아입고
거리마다 꽃바람 마중할 거다

잘 가라

고집 센 영감

그가 태어났을 때는
이미 나라는 일제 식민지
십 대에 광복을 맞이했고
얼마 없어 6.25 동란
정체성이 어지러운 세상에서
젊은 나이를 시작했다

사범학교를 졸업 후
학생들을 가르치며
일생을 교단에 몸 바치며 살았다

보릿고개를 겪고
가난과 맞서 싸우는 동안
부모, 형제들 챙기며
자식들이 주렁주렁했을 때
그의 어깨에 쌓였을 삶의 무게
어찌 상상이나 했으랴

이제 米壽의 나이 되어
고집만 늘어가는 초라한 사람
뒤안길에 돌아앉은 사람
노인이어서 서럽다

조강지처 떠나고
홀아비 냄새 가득한 방
홀로 느꼈을 외로움
그 어느 자식이 알아줄 것이며
아프다고 하면
버선발로 뛰어와 부축해 줄 이 있으랴

그는, 이제 외롭다고 하며
삶의 서러움 화로 풀어 버리는
젊은 날의 당돌함도
현명한 판단력도 던져 버린
늙은이가 되어 버렸다

긴긴 겨울밤
범벅에 허기진 배 채우던
가난했던 시절을
더 그리워하는 늙은이
철부지 다섯 살로 돌아간 사람

사람들은
고집 센 영감이라 말한다
이제는 힘없는 빈 껍데기
나는 그 사람을 아버지라 부른다

살아가는 동안

이제 세상을 떠날
외로운 길 걸었던 그 사람에게
후회되는 것이 뭐냐고 묻는다면
그 사람 말없이 미소 지을 겁니다

누렸던 것들
행복했던 순간들
미워하고 미움받던 기억들
이 모든 것이 부질없다는 것을
알았을 테니까요

사랑하고 미워하며
질투도 하고 상대방 가슴에 못도 박으며
부질없다 느끼지 못하는 것은
비우지 못하는 욕심이 있기 때문입니다

힘들어도
살아 있다는 것만으로 행복하다 느끼며
후회는 뒷주머니에 남겨 두고 살아 봐요
비울 수 있을 만큼 조금씩 비워 가면서
부질없다는 것을 느끼는 그날까지

씨밀레

너랑 나랑 만나
다져 온 시간
우린 씨밀레*가 된 것이었어

너는
나의 길라잡이가 되어
노녘**에서 이는 바람에도
흔들리지 않게 해 줬지

곰살궂은*** 너의 가슴은
내가 들어가 숨기에 충분했어

씨밀레
이제는 네가 숨어들
애오라지**** 가슴 만들었다가
외로운 날에
곁에 있을게

---

* 씨밀레: 영원한 친구
** 노녘: 북쪽
*** 곰살궂다: 성질이 부드럽고 다정한
**** 애오라지: 마음이 부족하나마 그저 그런대로 넉넉한

생일

살면서 하루쯤은
안다미로* 축하받고
좋은 생각만 하고 싶은 그런 날이 있지

수저를 들면
눈에 어른거리는 얼굴
오롯하게 키워 주신
두 분 생각에 미역국 뜨기가 애달프다

가시버시 되어
아이들 낳고 살아 보니 그 마음 가슴에 있어
아침에 고맙다 전하면
내 아버지 무슨 말씀을 하실까
열 달 배 속에서 키우신
북망산 너머 어머니는 뭐라 하실까

음력으로
해오름 달** 여드레
태어나 첫울음 했던 날
오늘이 그날이구나

---

* 안다미로: 담은 것이 그릇에 넘치도록 많게
** 해오름 달: 음력 정월

빈 가슴

세상을 보는 눈은
어떤 모양을 하고 있을까

내 눈에 보이는 것이
있는 그대로를 본다는 착각

비우면 되는데
그런 가슴을 만들지 못했는지
아직도 보이는 것만 믿으려 하고
타인이 보는 것을 부정하는
그런 사람으로 산다

내 빈 가슴에
비둘기 한 마리 날아와
둥지 틀면
아침 해가 떠오르는 까닭을
알 수 있으려나

가슴에서 소슬바람이 분다

숨겨 둔 보석

사람들은 보석 하나를
가슴에 꼭꼭 숨기고 산다

네 가슴에 보석은
어떤 색깔을 하고 무슨 생각을 하는지

우주 어느 끝에서 이렇게 만나
자신의 숨겨 둔 보석 이야기를
하나씩 벗겨 가면서 어우러져

때론 슬픔에 빠져 그것이 끝인 양
문을 열어 이야기하면
그 사람 곁을 떠나 버리고
떨어진 눈물에는 모래바람이 분다

숨겨 둔 보석은
보이지 말아야 한다는 것을 알았다

진실은
진심이 있어야 느낀다는 것도
거짓말이 꼭 거짓말이 아니란 것도

술 한잔하자

시름이 있어 너는 한잔
슬픔이 있어 나도 한잔

이유는 서로 달라도
목구멍 넘어갈 때
지워지는 것은 같은 무게

한잔하는 날에는
사회가 우릴 슬프게 해도
안주 삼아 그놈 올려놓고
원망 가득 떠들다 보면
가슴에 남은 것들 달아나겠지

한잔 술 거하게 하고
어깨동무 정겹게 해서
더덩실 춤사위 한판 벌리자

목 터져라 노래하면서
사회란 놈 시끄럽게 굴어도
박장대소해 보자

친구, 조만간 술 한잔하자

4부

두려운 사랑

나는 서글픈 사랑을 했습니다
지금 그 사람 곁에 없으니까요
떠나고 나서야 알았습니다
두려운 사랑이란 것을요

자물통

까마득한 날에
내 가슴에는 넓은 평원 있어
여기저기 산새들 하늘 날고
노루 떼 뛰어놀았다

커 가면서 세상은
선과 악을 심었고
거짓말을 하나씩 가르쳐 주었다

뒤돌아보니
황폐해지는 가슴에 뜰은 사라지고
채워진 자물통이 셀 수 없이 쌓였다
열쇠 찾기 힘들게

하나씩 풀어
내 이야기를 들려주고
뒤돌아서 후회하는 날들이
차곡차곡 쌓이면
눈물로 그것들을 녹이며 산다

지금까지
열어 보이지 못한 것들은
부끄러움이 있어서
두려움이 있어서도 아니다
알량한 자존심이 남아 있어
열지 못한다

유독 큰 자물통 하나
거기에 담아 놓은 것은
너에게 보여 주지 못하는 것들이다

네가 가진 자물통에
무엇이 들었는지 궁금하여도
묻지 못하는 이유이기도 하다

오늘도 나는
산새 날고 노루 떼 뛰노는 날
그날을 기도하며 산다

큰 자물통 여는 날이 오기를

봄이 오는 소리

처녀 가슴 살짝 데워지면
옷고름 사이서 봄 온다는데
엊그제 눈 시샘에 봄처녀 오다 멈춘다

꽃샘추위일까
아직 아지랑이 너울 치는 바람은
북녘 끝에 머물고
가슴에 바람 불어 옷장만 뒤적거리네

겨울옷 정리하는 아낙들
꺼냈다 들여놨다 손이 바쁘겠다

몰래 다가와
언제 왔나 묻기 전에
여름으로 달음질할 계절이건만
왜 이리 기다리는지

시냇물 졸졸 흐를 때
거기 묻혀 따라올 소식
봄이 오는 소리
내 가슴에는 이미 왔건만

고맙다는 말

참 쉬운 말인데
쉽게 하지 못하고
머리에서 맴돌다
입에서 나오지 못하는 말

이런 대답을 하지
"안 그래도 되는데"

나를 위한 말인데
바꾸면
나답지 않을까 봐
하지 않으려다 뱉어 버리는 말
"말 안 해도 알아"

고맙다는 생각을 하고 있는데
입에서는 왜 그러는지

돈 드는 것도 아닌데

고맙다는 말
그걸 쉽게 못한다

어디로 가는 것인지

흐르는 세월 따라 흐르다 보니
어느덧 머리에 서리 내리고
찾으려는 것은 저만치 앞서
더 멀어져 가는 남이 되어
발걸음 무겁게 한다

부딪치며 살다 보니
고마운 사람 늘고
미운 사람도 하나둘 늘어
지워 보려 애쓰는 마음
자리에 누우면 생각나
잠 못 드는 밤도 여러 날

인생이란 배에 올라
노를 저으며 바라본 물결에
햇살이 반사되어
얼굴을 빨갛게 그을리고
거울에 비친 주름은 골이 생겼다

어디로 가는 것이지
궁금해하면 슬퍼질 것 같아
이제는 있는 대로 흘러가 보려 한다

앞서거니 뒤서거니
죽을힘 다해 뛰어가는
바보짓은 말아야겠다

하루에 갈 수 있는 거리를
정하지 말고 살아야겠다

어디로 가는 것인지
생각 말고 살아야겠다

뱃머리에 앉아

세월 한 마리 낚으면서 천천히

월요일 아침

창문을 여니
안개인지 스모그인지
찌뿌둥한 하늘이 내 맘이구나

월요일,
일주일을 시작하는 하루
한 주의 시작이라
그런 마음도
그런 몸도
받아들이려면 시간이 걸린다

빙빙 돌아 일주일
오늘은 가슴을 기둥에 잡아매고
누가 시비를 걸면
네 말이 맞다 고개 끄덕여
헛웃음을 해야
싸움이 없을 듯하다

컨디션이 나쁠 때는
내려놓고 편하게

봄소식

아직 찬 기운
발바닥 밑을 스쳐도
어제는 삼다도 왕벚꽃 활짝 피어
봄소식을 전했다

며칠 후면 전농로랑 제주대 교정
하얀 눈꽃 만발하여 축제 열리고
사람들 발걸음 막아
꼬리 물어 장관이겠네

SNS 보내오는 청첩장
곱게 차려입은 신랑 신부
서로를 바라보는 모습 너무 고와라
벚꽃보다 더 예뻐 옛 기억 떠올리면
입가에 미소 나비 되어
하늘로 훨훨 나네

내 아이
피앙세는 어디서 뭘 하는지
괜스레 저녁에는 아들 잡겠네

이유

내가
이 집에 사는 이유는
사랑하는 사람 있어
그렇고

그 집에 가는 것도
사랑하는 사람 있어
그렇다

같이 사는 사람도
그랬으면 좋겠다

편지 주세요

살랑바람 불어
귓가를 간지럽히고
고운 아가씨 옷차림 눈부시면
봄이 왔다 생각하지 마세요

남쪽 나라
개나리 폈다는 소식에
드디어 고운 봄이 찾아왔다
말하지 마세요

하늘에서 깨어나
꽃향기를 피우다
눈을 떠 창문을 열면
거친 숨 몰아쉬며
단숨에 달려올 겁니다

얼음장 아래 숨어 있다
나비들 날갯짓에
그루잠* 들면
눈 시리게 다가올 겁니다

* 그루잠: 깨었다가 다시 든 잠.

물비늘*
눈부신 날
거기 서 있으세요
나비잠** 깬 아이 울음소리에
살짝 묻어올 겁니다

그날이 언제일지
나는 모른답니다
당신 가슴에 있으니까요

봄 향기 맡으면
나에게 편지 한 장 보내 주세요

고맙다는 답장
꼭 하겠습니다

---

* 물비늘: 햇빛을 받아 수면이 반짝이며 잔잔하게 이는 물결.
** 나비잠: 갓난아이가 두 팔을 머리 위로 벌리고 자는 잠.

소식 전하는 날

하늬바람
너울 되어 불어오는 날에는
창문을 열지 마세요
노랑나비 들어와
갈 곳 몰라 울지 모르잖아요

푸르른 하늘
고개 들어 너무 오래
바라보지 마세요
눈이 파랗게 물들어
물고기 떼 헤엄칠지 모르잖아요

바람 부는 날에는
난간에 기대어
살아온 날들 모두 꺼내
다시 생각해 보세요
고마운 사람 되살아나
가슴 찡하게 고운 선물
한 아름 주고 떠날 겁니다

봄바람 부는 날
잊었던 사람에게
소식 한번 전해 보세요
그 사람
고마워 깜짝 놀랄 겁니다

당신도
더 이상
잊었던 사람이 아니겠지요

책꽂이

무심코 책꽂이를 봤다
거기에는
살아온 싸움의 흔적들
수많은 다이어리
사전 그리고 기술 서적들

마음을 깨우는 책은 단 한 권도 없고
다른 것들이 꼽혀
모래바람 이는 사막이다

책을 멀리한 지도 여러 해
언제 마지막 책갈피를 넘겼는지
기억조차 없다

필요한 것은 검색키만 누르면 되는 세상
거기에 맛 들였구나

시인이나 소설가들
밥 굶는 건 아닌지
누가 선물하면 읽어 보려나
한심한 사람 되었구나

오솔길

혼자서 오솔길 걸어 보셨나요
걸으며 무슨 생각을 하셨나요
어떤 까닭으로 걸으셨나요
사연이 있어 걸었겠지요
기쁨에 넘쳐 오솔길을 혼자 걷는
바보는 없을 테니까요

끝이 보일 때
외로움이 사라지던가요
아니면, 더 크게 짓누르던가요

다음에 오솔길 가시면
추억 하나 심어 놓고 오세요
다시 갔을 때 새록새록 살아나
친구 되어 반길 겁니다

인생이란 오솔길보다
힘들고 어려운 길은 없습니다
옆을 보세요
당신이 사랑하는 사람들도
뚜벅뚜벅 걷고 있을 겁니다

벼락 치는 날

맑은 하늘에 벼락 치는 날
깜짝 놀라 하늘을 보며
누가 큰 잘못을 해
날벼락 맞는구나 생각하지요

가슴이 덜컹
지은 죄는 나도 많은데
나보다 더 큰 죄 지은 놈
많은 모양이구나

세상살이하며
죄 안 짓고 산다고
떠드는 사람 가끔 봅니다

그런 사람 만나면
색안경 끼고 보지요
이놈이 사기를 치면 꼼짝없이 당할 것 같아
말 한마디 놓치지 않고
곱씹으며 듣습니다

천둥소리
그게 무서운 사람이 착한 사람입니다
그 사람 가슴에 정이란 놈이 살고요

맑은 하늘에 벼락 치는 날
당신께 소식 전하면 오해하지 마세요
보고 싶어
안부 물어보는 것이니까요

천둥소리 들으면 나에게 전화 주세요
통화 중일 겁니다
당신에게
전화하고 있거든요

황혼

몸이 늙어 황혼인가
꿈을 잃어 갈 곳 없어 인생의 끝자락인가

내가
그 나이가 되었을 때
내 모습을 비추는 생각은
몇 살에 머물러 사람들 웃게 할까

당신은
내가 가는 길 앞에 있고
바라보는 가슴은 아쉬움에 눈물이 난다

당신의 황혼은 결코 아름답지 못하고
고집 많은 영감탱이로 변해
가슴에 못을 박는다

젊었던 날
화려함은 어디에다 묻어 버리고
이제는 초라한 노인
병상 자리에 누워 세 살 아이가 된 당신

내 나이 몇 살 떼어 당신께 드려
세 살 벗어 열 살 된다면
기꺼이 그리하련만
할 수 없는 것이라
눈물 가득 품어 돌아왔네

태양이 질 때 황혼은
한 폭의 그림으로 남는데
당신의 황혼은 한 살 찾아 떠나네

사람들은
당신을 치매라 했다

내 눈에는 가여운 당신인데

반성

개나리 활짝 피어
오가는 걸음 멈추어 사진 찍을 때
봄이 온 줄 알았는데
나에게 봄은 오지 않았다

햇살이 드리워도
마음이 차가우면
봄은 피부에 와닿지 못해
주위만 맴도는 것인지

늦지 않아 다행이다
봄은
냉정한 사람에게
오지 않는다는 것을
알았으니까

반성하는 하루가 열린다

뛰뛰빵빵

며칠
피곤한 몸 끌고 운전했더니
잠깐 졸았나 보다
빵빵
경적 소리에 눈을 뜨니
위험천만

길 비키라고
천천히 간다고
빵빵거릴 때 경적은
머리에서 열불 나는데

졸음운전 한다고
뒤에서 알려 주는 소리는
뛰뛰빵빵은 고맙다
비상등 점멸하고 손 흔들어 답하면서
세상 살 만하다 느낀다

뛰뛰빵빵
나도 하는 날이면
앞서가는 차 비상등 깜빡이며
손 흔들겠지
내가 느낀 것처럼

아침 풍경

참새들 지저귀고
아침 햇살 비추니
논밭에 내린 이슬이
반짝거리다 하얀 김을 내뿜는다

농부는
아침 일찍 밭에 나와
밭고랑을 뒤지고
저 멀리에는 고라니 한 마리
이리저리 뛰다 숲으로 간다

젊은이들 다 떠나고
나이 든 촌로만 남은 농촌
조금 있으면
이장님 밭으로 나와
구슬땀 흘리며 고랑 파겠지

엊그제
트랙터 뒤엎은 논밭에는
새들 날아들어 먹이를 찾았다

농촌의 아침은
아름다운 한 폭의 그림보다 곱고
바이올린 선율보다 그윽하다

하늘에 구름 떠 있고
신선한 바람 살짝 불어
숨 한 번 크게 들이마시면
풍경화 하나가 가슴에 들어와
자리 잡는다

맑고 고운 아침이다

아버지의 눈물

서러운 사람 눈물이
하늘에 닿아 그런지
자욱한 안개 피어올라
슬픈 이야기 들어 달라 앞을 막아 운다

아버지 눈으로 하신 말씀
사는 것이 힘들다고 말하지 마라
죽음이 두렵지 않다 떠들지도 말고
잠을 자다 조용히 세상 등진 사람
불행하다 생각하지 마라
그런 마감은 행복이니까
자는 듯 조용히 떠나면 잘 살아온 삶이다

안개 너머 보이지 않는
저세상에 대한 두려움 어찌 없으랴
걸어가야 하는 인생길에
조금 천천히 쉬어 가라 보내 주는 손짓
안개의 속삭임이
아버지 눈물에 녹아내렸다

차분히 가슴에 담아 두었다가
훗날 꺼내 보련다

외롭다 느끼는 생각

사람 많은 세상에 살면서
외롭다고 말한다는 것이
사치라 말하면 아니라고 할 자신이 없습니다
하지만,
느끼고 있는 것은 사실입니다

고독이란 말
아무 때나 쓰는 말도 아닙니다

가시버시 연을 맺은 사람도
천륜으로 만난 사람도
친구로 만난 사람도
나처럼 외로움 느끼며 살아가고
문득,
그 사람 눈가에 어린 쓸쓸함을 보면
측은함에 손이 갑니다

옛날에는 부족한 것이 많아
살기 위해 뛰어야 해서
고독을 느낄 시간이 없었을 뿐
지금의 풍요로움은

상대적 허탈감에 밀려
순간순간 아픔으로 쌓입니다

자연으로 돌아가
홀로 살아가는 산사람들
혼자 있음에도
고독을 모르는 여유를 가득 담고 산답니다
정말 외로움 없이 행복할까요
북적거리는 틈바구니가 그립지 않을까요

정말 그렇다면
그 사람이 부럽습니다
악착같은 현실에서 벗어나지 못하는
용기 없는 내가 바보 같습니다

떠나지 못하는 바보가
외롭다며 떠들고 있습니다

두려운 사랑

그대는 두려운 사랑을 아시나요
지금, 사랑을 하고 있나요

나에게 물어보세요

나는 서글픈 사랑을 했습니다
지금 그 사람 곁에 없으니까요
떠나고 나서야 알았습니다
두려운 사랑이란 것을요

아주 예전에
한 사람이 곁을 떠났습니다
슬퍼서 참 많이 울었었는데
시간이 흘러 그 눈물 자국도 지워지고
텅 빈 가슴에 새살이 돋아났어요

4월 푸르른 날에
또 한 사람이 내 곁을 떠났습니다
홀로 남겨진 것이었지요
많이 아팠습니다

친구에게 전화가 왔습니다
사랑하는 사람이 떠났다고요
제 마음과 같을 것이라 생각했습니다
서로 위로했습니다

그 사람도
두려운 사랑을 했던 겁니다
이제는 그런 사랑 못 하겠지요
그럴 사람이 곁에 없으니까요

오월에는 그 사람 보러 갑니다
파란 잔디 보러 갑니다

두려운 사랑을 남긴 사람은
내리사랑을 했던 사람입니다

에필로그

　내 이야기들은 계절의 흐름에 따라 쓴 글들이라 이번 시집에는 겨울과 봄에 대한 것들로 채워졌다. 겨울이 주는 쌀쌀함과 봄이 주는 향긋한 내음을 담아 보려고 노력했다. 아버님은 2021년 꽃 피는 계절에 어머님을 따라 하늘로 올라가 날개를 펴셨다. 매일 아침 알람에 맞추어 전화했던 기억이 새삼 눈시울을 붉히게 한다.
　퇴고하면서 느낀 점은 정리되지 못한 방 안을 가지런하게 정돈하는 부끄러움이기도 했다. 한 편의 시를 쓰는 것은 어려운 일이 아니다. 생각하던 것을 알고 있는 낱말을 찾아 떼고 쌓기를 하는 것이라서, 흩어져 있는 한 조각 한 조각의 퍼즐을 맞추는 것이라 생각한다. 먼저 시를 쓴 선배님들께 꾸지람 들을지는 몰라도 나는 그렇게 했다. 친구가 나에게 시가 무엇이냐고 물었을 때, 언어의 마술이라고 대답한 것처럼, 시나 수필은 그런 것이 아닌가 생각한다. 앞으로도 나는 나의 방식으로 시를 쓸 것이기 때문에 그 틀에서 크게 벗어나지 않을 것으로 생각한다.
　나의 시를 읽으신 독자들도 멋진 시를 쓰길 바라는 마음으로 끝맺음한다.